콩이네 베란다 텃밭

지은이 김주현 | 그린이 에스더

봄이 왔어요!

　몇 해 전 봄, 텅 빈 베란다를 바라보다가 텃밭을 만들어야겠다고 생각했어요. 그래서 꽃 시장에 가서 상추, 치커리, 청경채, 곰취 등의 모종을 사 와서 화분에 옮겨 심었지요.
　우리 집 베란다가 햇볕이 잘 드는 데다 물도 흠뻑 주었더니 채소들은 매일 쑥쑥 자랐어요. 덕분에 손으로 톡톡 뜯어서 샐러드를 만들어 먹기도 하고, 여린 잎으로 쌈을 싸 먹기도 했지요. 직접 내 손으로 키워 먹는 채소라서 그런지 세상에 이렇게 맛있는 채소도 있구나 싶었어요.
　그런데 어느 날 청경채 잎 뒷면에 다닥다닥 하얗고 꼬물거리는 벌레들이 붙어 있는 것을 보았어요. 너무 놀라고 징그러워서 당장 청경채 잎사귀를 모두 따서 버렸지요. '구더기 무서워 장 못 담근다.'는 속담처럼 벌레 무서워 채소를 기를 마음이 싹 사라졌던 날이었어요.

　하지만 그 정도 두려움 때문에 베란다 텃밭을 가꾸는 즐거움을 포기할 수는 없었죠. 벌레는 처음 생겨났을 때 잘 잡아 주기만 하면 베란다에서 채소를 기르는 즐거움을 마음껏 누릴 수 있어요.

　올봄에는 뿌리를 먹는 미니 당근도 심고, 빨간 열매가 탐스러운 방울토마토도 심어 보려고 해요. 토마토는 키가 크게 자라니까 나무 지지대를 세워 주면 쑥쑥 위로 자라는 모습을 볼 수 있을 거예요.

　여러분도 이번 봄에는 보기에도 좋고 건강에도 좋은, 베란다 텃밭 가꾸기를 시작해 보면 어떨까요?

김주현

"오늘부터 난 초록색, 주황색, 하얀색, 검은색, 똥색 반찬은 안 먹을 거야. 난 분홍색만 먹을 거야!"

어느 날 콩이는 엄마와 할머니에게 이렇게 말했어요.

"초록색, 주황색, 하얀색, 검은색, 그리고 똥색 반찬은 뭐니?"

엄마가 물었어요.

"주황색은 당근, 하얀색은 두부, 양파, 검은색은 콩, 똥색은 된장, 그리고 초록색은 시금치, 브로콜리, 오이야."

"그럼 분홍색 반찬은 도대체 뭐냐?"

이번에는 할머니가 물었어요.

"분홍색 소시지, 분홍색 햄이지. 난 예쁜 분홍색만 먹을 거야."

"그래, 알았다, 우리 강아지. 우리 강아지는 머리띠도 분홍색, 옷도 분홍색, 신발도 분홍색만 신지. 그래서 반찬도 분홍색만 먹는구나? 그래, 그러면 오늘부터 분홍색 반찬만 먹어라."

"엄마, 가뜩이나 콩이가 편식도 심한데 먹고 싶은 것만 먹으라고 하면 어떡해요?"

콩이 엄마는 얼굴을 찌푸렸어요.

하지만 콩이는 생각보다 아주 쉽게 채소와 작별하게 된 것이 기뻤어요.

"으라차차차차!"

콩이 할머니는 힘도 세고 무거운 것도 번쩍번쩍 잘 들어요. 할머니는 커다란 흙 포대를 옮겼어요.

"할머니, 뭐 해요?"

"텃밭을 만들지."

"텃밭이라고요? 그건 시골집에 있는 거잖아요."

"여기 베란다에도 텃밭을 만들 수 있어. 화분에 상추도 심고, 고추도 심고, 방울토마토도 심고, 당근도 심고, 가지도 심지. 이제 여름이면 열매가 주렁주렁 달릴 거야."

"정말 여기서 당근도 자라고 가지도 자라요?"

"그럼! 하지만 우리 강아지는 채소를 아주아주 싫어하니까 할머니 텃밭에는 절대 가까이 오지 마라. 여기는 네가 싫어하는 것들만 있거든."

"……할머니, 궁금해요. 구경만 할게요."

"그럴래? 그럼 이리 와서 보렴."

"이 조그만 씨앗과 풀들은 뭐예요?"

"씨앗과 모종이란다. 모종은 씨앗을 뿌려서 싹을 틔워 키운 것이지. 이제 화분에 옮겨 심을 거야. 이건 방울토마토, 이건 당근, 이건 치커리, 이건 가지, 이건 고추. 아직 열매가 없으니까 잎만 봐서는 뭐가 뭔지 잘 모르겠지?"

"네, 다 비슷하게 생겼어요."

"지금은 다 비슷해 보여도 매일 들여다보면 아, 이게 고춧잎이구나, 이게 당근 잎이구나, 이게 토마토 잎이구나 하고 척척 알 수 있어. 상추가 자라면 할머니가 쌈도 싸 주고, 토마토가 크면 주스도 만들어 주마. 여기 곰취도 있네. 곰취는 살짝 데쳐서 주먹밥을 만들면 좋지. 아이고, 깜빡했다. 우리 강아지는 분홍색만 먹지? 이런 초록색, 빨간색, 보라색은 절대 안 먹는다고 했는데, 깜빡했다."

"네, 저는 분홍색만 먹을 거예요."

"자, 우리 강아지, 상추 씨앗을 심어 볼까?"

"어떻게요?"

"고랑을 만들고, 살살 씨를 뿌린 다음 흙을 덮어 줘야지. 너무 많이 덮으면 안 돼. 씨앗들이 무거워하거든."

"이렇게요?"

"그래, 그래. 흙을 덮어 토닥토닥 두드려 주고, 물을 흠뻑 뿌려 주자."

"그러면 여기서 싹이 나와요?"

"그럼, 그럼. 여기 심어 놓은 모종도 다 이렇게 씨앗을 뿌려서 자란 것들이야. 이 작은 씨앗에서 푸들푸들한 상추가 나오지. 쑥쑥 자라라. 쑥쑥 자라라. 햇볕 먹고 물 먹고, 쑥쑥 자라라. 이렇게 매일매일 예뻐해 주면 더 잘 자라지."

"내가 매일매일 예뻐해 줄게요. 물도 내가 줄게요."

"물을 너무 자주 주면 식물들이 시들시들해져. 우리 강아지가 손으로 만져 보고 겉에 흙이 말랐다 싶을 때 흠뻑 주면 돼. 작은 새싹들은 물줄기도 아프니까 살살 줘야 해. 분무기로 살살 뿌려 주자."

콩이는 매일매일 베란다 텃밭에 나가 보았어요. 조용한 화분들을 보며 할머니랑 심은 씨앗에서 빨리 싹이 트기를 기다렸어요.

그랬더니 어느 날 상추 씨앗에서 싹이 뽀롱 올라왔어요. 싹이 나고 잎이 자라자 옆에 있던 키가 작은 모종들도 쑥쑥 자랐어요. 누가 더 빨리 자라나 내기라도 하는 것처럼요.

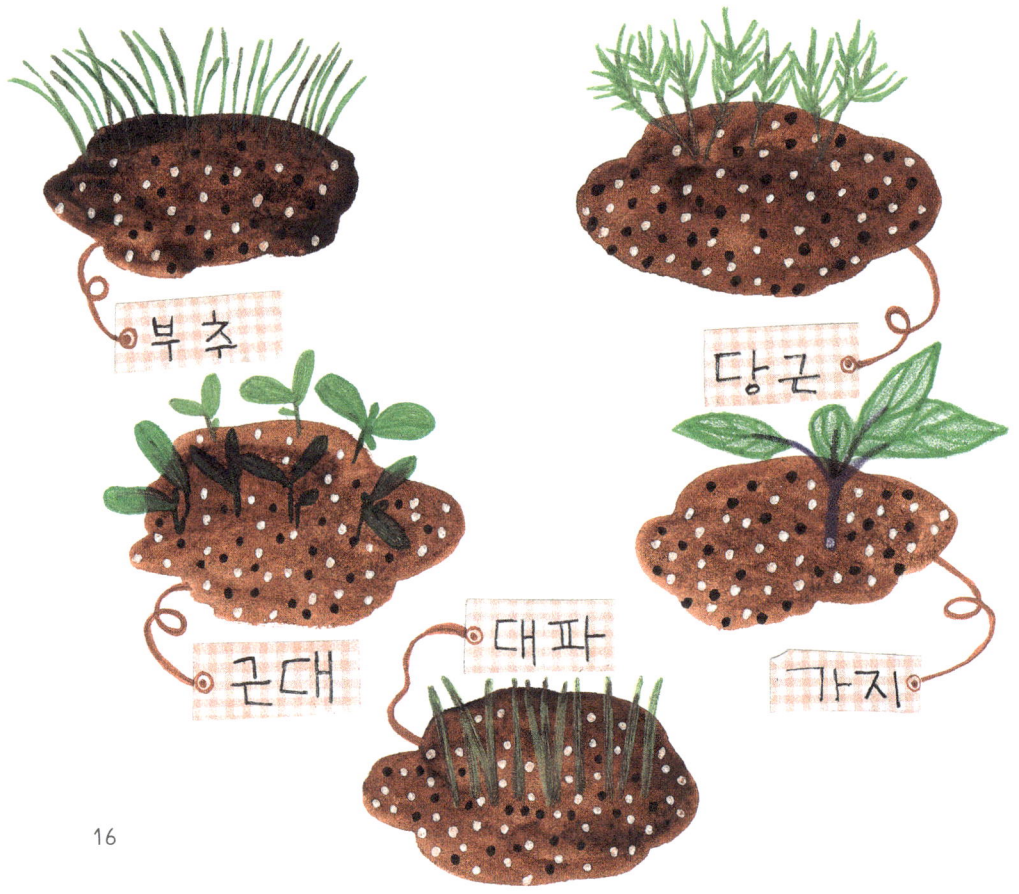

"할머니, 채소들한테 이름을 붙여 줄래요."

"상추, 가지, 토마토, 다 이름이 있는데?"

"아니요, 제가 지어 주는 이름이요. 방울토마토는 빨갛고 예쁘니까 루루예요. 상추는 잎이 푸들푸들하니까 푸들, 가지는 보라색이니까 바이올렛, 오이는 키다리 아저씨, 부추는 날씬이, 완두는 줄기 안에 콩이 여러 개 들어 있으니까 삼총사……."

콩이는 신이 나서 말했어요.

"아이고, 우리 강아지. 이름도 잘 짓네."

"여기에 이름표를 써서 붙여 줄 거예요. 그리고 매일매일 출석을 부를 거예요. 그러면 애네들이 '네!' 하고 대답하겠지요? 가장 빨리 쑥쑥 잘 자라는 아이는 상도 줄 거예요. 키도 매일 재서, 제일 빨리 자라는 아이에게는 칭찬 스티커도 붙여 줘야지."

루루와 푸들, 바이올렛과 키다리 아저씨, 날씬이와 삼총사 모두 쑥쑥 컸어요. 콩이의 칭찬과 사랑을 받고 매일매일 무럭무럭 컸어요.

"요놈 봐라. 상추가 손바닥만 한 게 이제 뜯어 먹어도 되겠다. 오늘은 상추랑 치커리랑 뜯어서 쌈 싸 먹자. 참 맛나겠다. 상추를 무쳐서 겉절이도 하고, 치커리랑 어린잎들은 샐러드로 만들어 먹자꾸나."

"할머니, 제가 뜯을게요."

"그래, 우리 강아지 고사리 같은 손으로 살살 잘 뜯어 봐. 뿌리가 다치지 않게 살살."

할머니랑 엄마는 점심 준비를 했어요. 콩이는 조심조심 상추와 치커리, 어린잎들을 땄어요. 소쿠리에 수북이 따서 흐르는 물에 한 장씩 깨끗이 씻었어요.

"채소가 정말 싱싱하게 잘 자랐네. 할머니랑 우리 콩이가 정말 잘 키웠구나."

"그래, 야들야들 부드러운 게 사다 먹는 거랑은 맛이 다르지. 요렇게 손바닥에 올려놓고 밥 한 숟갈 올리고, 쌈장을 손톱만큼 얹은 다음, 요렇게 싸서 먹으면."

할머니는 입안에 가득 쌈을 넣었어요.

"아이고, 맛나다, 맛나."

할머니가 너무 맛있게 먹어서 그런지 콩이는 초록색 상추를 보고 그만 침이 꼴딱 넘어갔어요.

"우리 강아지 분홍 반찬은 어디 있냐? 어서 분홍 반찬 차려 줘야지."

"아니에요, 엄마. 이 쌈이 얼마나 맛있는데. 콩이도 이 쌈 먹어 봐."

"아니야, 아니야. 우리 강아지는 분홍 반찬만 먹으니까, 그건 주면 안 돼. 어서 햄이라도 구워라."

콩이는 혼자서 햄과 밥을 먹었어요. 할머니랑 엄마는 계속, "아이쿠, 아이쿠, 야들야들 부드럽네." 하면서 입안 가득 쌈밥을 넣고는 우물우물 맛있게 먹었어요.

채소 이름표 만들기

채소마다 이름을 써 붙여 주었다.

루루, 푸들, 바이올렛, 키다리 아저씨, 초록 삼총사.

아, 날씬이도 있다.

누가 누가 제일 잘 클까?

제일 빨리 자라는 아이한테 스티커를 붙여 줄 거다.

모두 모두 힘내!

"우리 강아지, 이 꽃 좀 봐라. 꽃이 폈네."
화분 하나에 보라색 꽃이 피었어요.
"가지꽃이야, 가지꽃. 이제 가지가 열리겠구나."
할머니랑 콩이가 예뻐해 주어서인지 베란다 채소들은 여름이 되면서 더 쑥쑥 자라기 시작했어요.

"부추도 쏙쏙 나고, 쪽파도 쑥쑥 자라고. 우리 강아지, 고추 열린 거 봤니?"

"아빠, 아빠, 이리 와 보세요. 아빠가 좋아하는 고추가 열렸어요!"

거실에서 텔레비전을 보던 콩이 아빠가 베란다로 나왔어요.

"벌써 고추가 열렸어?"

"봐요, 내 손가락만 한 고추잖아요."

"어디 한번 먹어 볼까?"

아빠는 고추를 똑 따더니 한 입 베어 물었어요. 콩이는 자기도 모르게 얼굴을 찡그렸어요. 엄청 매울 텐데.

"아, 맛있다. 콩이도 한 입 먹어 봐."

"싫어요, 싫어."

콩이는 고개를 절레절레 흔들었어요.

"안 돼! 이건 우리 강아지가 싫어하는 초록색인데. 초록색 중에서도 아주 고약한 초록색이지."

할머니는 고추 하나를 따서 아삭 베어 물면서 말했어요.

"아이고, 다네 달아. 고추가 아주 아삭아삭 맛있어."

"거봐, 할머니도 하나도 안 맵다잖아."

아빠가 다시 말했어요.

"거짓말…… 진짜요?"

"그럼, 아삭아삭 맛있기만 하네. 할머니랑 콩이랑 잘 키워서 아주 맛있어."

콩이는 아빠에게 받은 고추를 아주 조금만 베어 물었어요. 아삭!

"아, 퉤! 맵잖아요. 아빠, 거짓말쟁이!"

매워서 콩이 눈에 눈물이 그렁그렁한 걸 보고 아빠랑 할머니는 깔깔 웃었어요.

"우리 강아지, 이 풀이 뭔 줄 알아? 당근이야, 당근."

"어디요? 당근은 안 보이고 풀만 있는데요?"

"당근은 흙 속에서 자라는 거야. 그래서 우리 눈에는 보이지 않지. 양파도, 마늘도, 무도, 감자도, 고구마도 모두 땅속에서 자라니까 눈에는 안 보여. 다 자라면 쑥 뽑아 내는 거야. 쑥 뽑아 낼 때 얼마나 신기한데."

할머니는 벌써 당근이 다 자란 것처럼 들뜬 모습이었어요.

"이 녀석은 오늘 먹어도 되겠다. 키가 쑥 자란 부추 좀 봐라. 오늘 점심 때는 키 큰 부추를 잘라 부추전을 만들어 먹자."

"부추를 자르면 어떡해요. 그러면 부추가 없어지잖아요."

"아이고, 이렇게 잘라 내도 또 자라고, 또 자라. 부추는 생명력이 강해서 쑥쑥 잘 크는 채소야. 우리 강아지, 걱정 안 해도 돼요."

할머니가 콩이의 엉덩이를 톡톡 두드렸어요.

땅속에서 자라는 채소들

루루랑 푸들이랑 초록 삼총사는 모두 땅 위로 자라는데,

당근은 땅속으로 자란다.

감자도 땅속에서 크고

고구마도 땅속에서 크고

연근도 땅속에서 큰다고 했다.

캄캄한데 얼마나 답답할까?

할머니는 부추를 잘라 씻어 놓고, 거실에 신문지를 펼쳤어요.

"자, 우리 강아지, 큰 그릇 하나 가져와라. 거기에 부침 가루를 붓고, 반죽을 해야지. 우리 강아지가 반죽 저어 볼래?"

"네."

"부추는 먹기 좋게 썰고, 양파는 착착 채 썰지."

"나도 썰어 볼래요."

"양파는 썰기가 쉽지 않아. 미끌거리거든. 양파는 할머니가 썰 테니 콩이는 부추를 썰어 보렴."

콩이는 할머니가 준 작은 칼로 기다란 부추를 손가락 길이만큼씩 잘랐어요.

"이제 잘 저은 반죽에다 부추랑 양파를 넣고 섞는 거야. 프라이팬에 기름을 두르고 동그랗고 큼직하게 한 장 부쳐 보자. 우리 강아지랑 같이 키운 부추니까 세상에서 제일 맛있는 부추겠지? 양파는 익으면 맛이 달콤해진단다."

프라이팬에서 부추전이 노릇노릇 익어 가요.
"아, 맛있는 냄새. 킁킁."
콩이는 강아지처럼 코를 킁킁거리며 할머니 옆에 꼭 붙어 부추전이 다 익기를 기다렸어요.
"부추전은 이렇게 소쿠리에 담아 놓고, 손으로 쭉쭉 찢어서 먹어야 제맛이지."
할머니는 갓 지진 부추전을 손으로 주욱 찢었어요. 콩이는 입을 크게 벌렸어요. 그런데 할머니는 부추전을 할머니 입으로 쏘옥 넣었어요.
"아이고, 맛있다. 직접 키운 부추라 보들보들 더 맛있네."

"나도, 나도."

"어? 우리 강아지도? 이건 우리 강아지가 제일 싫어하는 초록색 부추랑 하얀색 양파가 같이 들어 있는 부추전인데?"

"음…… 그래도 딱 한 번 먹어 볼게요. 내가 키운 거잖아요. 아, 아!"

콩이는 아기새처럼 입을 쫘악 벌렸어요.

"그래, 우리 강아지 한 입 먹자."

할머니가 쭉 찢어 준 따끈따끈한 부추전이 입속에 쏘옥 들어왔어요.

"맛있다, 맛있다. 양파가 하나도 안 매워. 부추도 하나도 안 매워."

할머니도 부추전을 입에 넣고 우물우물, 콩이도 오물오물, 맛있게 먹었어요.

으라차차
할머니의 부엌

부추전을 만들어요

① 먼저 부침 가루에 물을 조금씩 부으면서 거품기로 잘 섞어.

② 긴 부추를 손가락만 한 길이로 썰어 놓고,

③ 양파도 착착 채 썰어.

④ ①에다 부추와 양파를 넣고 잘 섞으면 부추전 반죽 완성!

⑤ 달군 프라이팬에 기름을 착 두르고 반죽을 한 국자 부어서 동그랗게 잘 펼치고,

⑥ 타지 않게 불 조절을 하면서 노릇노릇하게 부쳐 봐!

그다음에는 손으로 길게 쭉 찢어서 입에 쏙!

"으악, 할머니! 큰일 났어요, 여기 좀 봐요."

할머니는 콩이의 요란한 소리에 부리나케 뛰어나왔어요.

"청경채 잎 뒤에 이것 봐요. 꼬물꼬물, 악, 징그러워. 벌레야, 벌레."

"아이고, 벌레가 생겼네. 어서 잡아야지."

"어떻게 잡아요, 징그러운데."

콩이는 얼굴을 찡그렸어요.

"그러면 이렇게 열심히 키운 채소들이 벌레들 때문에 죽으면 어쩌려고. 벌레들이 영양분을 모두 빨아먹어서 시름시름 병이 들 텐데?"

그럴 수는 없었어요. 콩이가 매일 물 주고, 말 걸어 주고, 예뻐해 준 채소들인 걸요. 벌레들이 함부로 먹어 버리게 할 수는 없어요.

"그래도 난 징그러워서 못 잡겠어요."

"휴지로 잎을 닦아 내듯 잡거나 나무젓가락으로 한 마리씩 집어내면 돼."

그래도 콩이는 무서워서 못하겠다는 듯 쳐다보기만 했어요.

"자, 이렇게."

콩이는 할머니가 휴지로 잎 뒤쪽에 붙은 벌레들을 잡는 것을 지켜봤어요. 그리고 콩이도 휴지로 벌레 한 마리를 잡아 봤어요.

"그래. 사랑하는 채소들을 위해서는 좀 징그러운 것도 잘 참아 내야지. 그러지 않으면 정성스럽게 키운 채소들이 모두 죽어 버릴 테니까. 베란다는 밖에 있는 텃밭처럼 공기가 잘 통하지 않기 때문에 진딧물이나 응애 같은 게 많이 생겨. 그래서 자주자주 잡아 줘야 해."

할머니의 응원을 받으며 콩이는 꾸물꾸물 징그러운 벌레들을 몽땅 잡아 냈어요.

"세상에, 우리 공주님이 벌레를 다 잡아? 개미만 봐도 질색하던 우리 공주님 맞나요?"

아빠는 콩이가 벌레 잡는 모습을 보며 껄껄 웃었어요.

"이 채소는 내 아기들이야. 다시는 벌레들이 공격을 못 하도록 내가 지킬 거야!"

"와! 우리 강아지가 이제 텃밭 농부가 다 됐네."

"아니야, 난 의사 선생님이야. 아픈 채소들을 치료해 주니까, 채소 의사 선생님."

그날 밤, 콩이는 채소들을 지키고 싶었지만, 너무 졸렸어요. 그래서 스케치북에 아주아주 무서운 괴물 그림을 그려서 텃밭에 세워 두었지요. 이제 벌레들도 함부로 콩이와 할머니의 텃밭을 공격하지 못할 거예요.

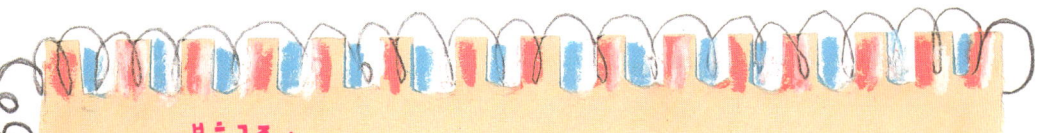

벌레들의 공격

채소 잎 뒤에 아주 작은 벌레들이 다닥다닥 붙어 있었다.

처음에는 너무 징그러워서 꺄악 소리를 질렀다.

도망치려고 했는데, 내가 도망치면 채소들이 벌레들한테 모두 잡아먹힐 것

같았다. 그래서 나는 할머니랑 벌레들을 공격했다.

휴지로 벌레들을 모두 떼어 낸 후에 할머니는 채소에게 마늘즙이랑 식초물

을 뿌려 주었다.

벌레들이 아주 싫어하는 냄새라고 했다.

나는 아주아주 무서운 괴물을 그려서 베란다 텃밭에 세워 두었다. 벌레들

도 무서워하겠지?

"이제 당근도 키가 많이 자랐네."

할머니가 당근을 심어 둔 화분을 보며 말했어요.

"흙 속에 있어서 안 보이는데, 어떻게 알아요?"

"당근 잎들이 이렇게 키가 컸잖아. 그러니 뿌리도 굵어졌구나 하고 알 수 있는 거지."

"그럼 이제 뽑아도 돼요?"

"그래, 어디 한번 뽑아 볼까? 주변의 흙을 살살 파헤친 다음 뿌리 근처를 잡고 쑥 당겨 보렴."

콩이는 할머니가 손으로 잡아 준 줄기 끝부분을 잡고 힘껏 위로 잡아당겼어요.

"아이쿠!"

너무 세게 잡아당겼는지 당근이 쑥 빠지면서 콩이는 콩 하고 뒤로 넘어졌어요.

"아이고, 우리 강아지, 엉덩이 안 아파? 이건 조그만 당근이어서 뿌리가 손가락만 하네. 이것 봐라."

엉덩방아를 찧게 한 당근을 보니, 마트에서 사 먹는 당근처럼 크지 않고 한 입에 쏙 들어가게 조그마했어요.

"귀여워요, 할머니!"

"그래, 아주 귀엽지? 이렇게 조그만 당근으로는 뭘 해 먹을까? 우리 강아지, 식빵에 발라 먹게 당근잼을 만들어야겠다."

"잼이요?"

"그래, 당근잼. 나머지 당근도 다 뽑아서 깨끗이 씻자."

이번에는 힘을 너무 세게 주지 않고 살살 뽑았어요.

콩이는 잎이 달린 당근을 처음 봐요. 당근 키가 이렇게 큰 줄은 몰랐거든요.

"당근잼 만들기 전에 한입 먹어 봐. 아주 달 거야."

당근은 콩이가 세상에서 두 번째로 싫어하는 음식이지만, 왠지 이 당근은 먹을 수 있을 것 같아요. 이건 콩이가 키우고 직접 뽑은 당근이니까요.

아삭아삭.

"할머니, 맛있어. 맛있어요. 고소하고, 달콤해요."

"거봐라, 맛있지? 그냥 먹을까?"

"아니 아니, 당근잼도 만들어 주세요."

할머니는 작은 냄비를 꺼냈어요. 당근을 믹서기에 갈아서 냄비에 넣고 설탕도 듬뿍 넣었어요.

"이제 약한 불에서 졸이면 된단다. 그러면 당근잼이 만들어지지. 빵에 발라 먹으면 달콤해."

당근이 서서히 졸여지면서 집 안에는 달큼한 냄새가 났어요.

아, 맛있는 냄새. 텃밭이 생기고 나서 콩이네 집에는 맛있는 냄새가 자꾸자꾸 나요.

으라차차 할머니의 부엌

당근잼을 만들어요

① 먼저 깨끗이 씻은 당근을 믹서기에 곱게 갈아야 해.

② 갈아 놓은 당근과 당근 양만큼 설탕을 냄비에 함께 넣어.

③ 냄비를 약한 불에 올리고 주걱으로 저어 가며 졸이기 시작해.

④ 처음의 양보다 반으로 졸아들면 불을 끄고, 식으면 유리병에 담자.

그런 다음 빵이나 과자에 쓱쓱 발라 먹으면 꿀맛!

"콩이야, 요것 봐라. 지난번에 보라 꽃 봤지? 이 할미가 보라 꽃 피면 이제 뭐가 나올 거라고 그랬지?"

"아, 가지요, 가지."

"그래, 봐라. 여기 쥐방울만 한 가지가 열렸네."

"이게 가지예요? 왜 이렇게 작아요?"

"베란다에서 열리는 건 아주 크게 자라지는 않아. 그래도 맛이나 향기, 모양은 다른 가지랑 똑같지. 아이고 예뻐라. 보랏빛이 반짝거리네?"

"할머니, 꽃도 보라색, 줄기도 보라색, 열매도 보라색이에요."

콩이가 두 눈을 반짝이며 말했어요.

"그렇지. 그래서 가지가 열리지 않았을 때 줄기만 보고도, 꽃만 보고도, 아, 이게 가지구나 하고 아는 거야."

"우리 가지 먹어요. 가지로는 뭘 해 먹어요?"

"요 녀석은 너무 작아서 먹을 것도 없겠네. 가지는 찜 쪄서 무쳐 먹어야 맛있는데, 이건 작으니까 그냥 가지전 부쳐 먹자."

콩이는 할머니를 도와 가지 몇 개를 따서 깨끗이 씻어 그릇에 담았어요.

"가지는 아무 맛도 없는 것 같지만 볶아 먹어도 맛있고, 쪄 먹어도 맛있고, 구워 먹어도 맛있어. 여름에는 이만한 반찬이 없지. 동글동글 모양대로 잘라서 부침옷 입혀서 전을 부치는 거야. 간장 양념에 찍어 먹으면 고소한 게 그만이지."

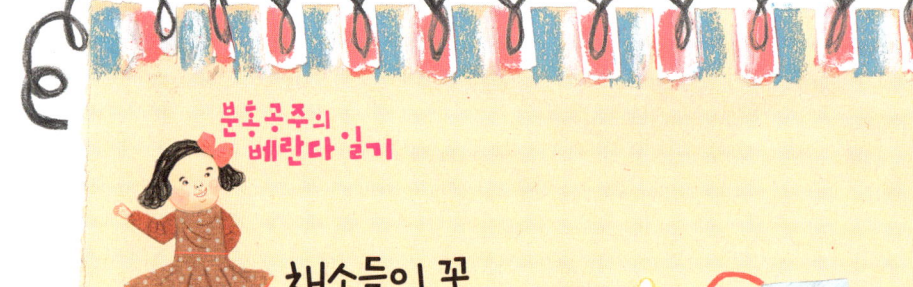

채소들의 꽃

자주 꽃 핀 건 자주 감자

파 보나 마나 자주 감자

하얀 꽃 핀 건 하얀 감자

파 보나 마나 하얀 감자   -권태응, 〈감자꽃〉

할머니가 가르쳐 준 시다.

보라 꽃 핀 건 보나 마나 가지,

노란 꽃 핀 건 보나 마나 오이다.

가지 꽃이 피고 나면 가지가 열릴 거라고 했는데

정말 조그만 가지가 열렸다. 마트에서 보는 가지는

내 손보다 더 큰데

베란다 텃밭 가지는 내 엄지손가락만 하다.

으라차차
할머니의 부엌

가지전을 만들어요

① 가지를 동그란 모양으로 썰어.

② 가지에 소금을 살짝 뿌려 둬. 그러면 물기가 빠져나

가서 기름이 덜 튀거든.

③ 부침 가루에 물을 붓고 거품기로 저어 반죽을 만들어.

가지에 입힐 옷이 될 거야.

④ 가지를 반죽에 넣어 골고루 밀가루 옷을 입힌 후에

⑤ 달군 프라이팬에 기름을 두르고 노릇노릇하게 뒤집어

가며 부치자.

양념장에 콕 찍어 먹으면 둘이 먹다 하나 죽어도 모를 맛!

"채소는 흙 없이 물에서도 키울 수 있어. 고구마나 감자를 보면 쏙 들어간 곳이 있지? 그게 눈이야. 물컵에 담가 놓으면 눈에서 새순이 나와. 한 달이면 키가 아주 크게 자라지. 물에 심을 때는 물을 자주 갈아 주지 않으면 똥 냄새가 나니까 조심해야 해."

"나도 고구마 심어 볼래요."

"순이 나왔을 때 흙으로 옮겨 심어 주면 더 빨리 자라지. 이 순도 먹을 수 있어. 고구마 순을 데쳐서 들깻가루를 듬뿍 넣고 무쳐 먹으면 정말 맛있지."

할머니는 물에 담근 고구마를 보면서 벌써 입맛을 다셨어요. 고구마 순이 얼른 먹고 싶은가 봐요.

"미나리도 물에서 잘 자라. 뿌리만 물에 담가 두면 쑥쑥 자라는 게 미나리야. 신기하지? 물이랑 햇볕만 먹고도 잘 자라니까. 새싹 채소들은 물에 적신 키친타월 위에 씨앗을 놓고 분무기로 하루에 서너 번씩 물을 주는 거야."

"그렇게만 하면 돼요?"

"싹이 나오기 전까지는 신문지나 어두운 색 천으로 덮어 줘야 해. 싹이 하나둘 나오면 천을 걷어 주는 거야. 새싹 채소는 조그만 컵이나 그릇에서도 키울 수 있어."

그날부터 콩이의 집 베란다는 물론 부엌에도 고구마 순과 새싹 채소 텃밭이 생겼어요.

할머니는 바닥에 구멍이 난 항아리를 꺼내 왔어요.

"이게 콩나물 시루라는 거야. 옛날 시골집에서는 여기에 콩나물을 키웠거든. 우리 베란다에서 콩나물을 키워 볼까?"

"이 항아리 같은 데서 콩나물이 자라요?"

"그럼, 콩나물은 물만 듬뿍듬뿍 잘 주면 쑥쑥 자라지. 아마 우리 집 채소 중에서 일등으로 자랄걸?"

"콩나물 씨앗은 뭐예요?"

"콩이지. 요 동글동글한 콩을 물에 담가서 불려야 해. 그리고 컴컴하게 천으로 덮어 두면 콩나물 줄기가 쑥쑥 자라지."

"콩나물은 햇볕을 안 먹어요?"

"그러게. 콩나물은 물만 먹고도 잘 자라. 콩나물이 쑥쑥 크면 콩나물밥을 해 먹자. 콩나물을 넣어 밥을 짓고 양념장에 쓱쓱 비벼 먹으면 꿀맛이지."

물에서 쑥쑥 크는 채소들

흙이 없어도 자라는 신기한 채소들.

새싹 채소 씨앗들을 조그만 유리컵에도 심고, 밥그릇에도 심고, 우유팩에도 심었다. 몇 밤만 자면 씨앗에서 싹이 나온다고 했다. 부엌 창가에도 하나 두고, 내 방 책상에도 하나 두었다.

흙도 없이 정말 잘 클 수 있을까?

어서 싹이 나오면 좋겠다.

"내일은 곰취를 뜯어서 곰취 주먹밥을 싸 줄게."
"그럼 소풍 가요, 할머니! 주먹밥 도시락 싸서 공원으로 소풍 가요."
콩이가 할머니의 손을 잡아 흔들며 졸랐어요.
"그래, 곰취 주먹밥 싸서 우리 가족 모두 공원에 가자."

아침부터 소풍 준비로 아빠도, 엄마도, 콩이도, 할머니도 바빠요.
할머니는 곰취를 뜯어서 쪘어요. 찐 곰취를 한 장씩 펼치고 동글동글 굴린 밥과 된장을 올린 다음 돌돌 말아 곰취 주먹밥을 만들었어요.
엄마는 김밥을 싸고, 콩이와 아빠는 베란다에서 방울토마토를 따서 도시락통에 담았어요. 돗자리도 챙겼지요.

온 가족이 함께 소풍을 가서 콩이는 들썩들썩 신이 났어요.
강아지처럼 꼬리가 있었다면 아주 빠르게 흔들었을 거예요.

공원에는 사람들이 많이 나와 있어요.

강아지랑 산책하는 사람, 공놀이하는 사람, 돗자리 위에 누워 책 읽는 사람, 배드민턴 치는 사람들도 있어요.

콩이네 가족은 돗자리를 펼치고 도시락 뚜껑부터 열었어요.

"이거 어떡하나. 콩이가 싫어하는 초록색, 하얀색, 보라색, 주황색, 빨간색 음식이 다 모였네! 콩이가 먹을 게 없네?"

아빠의 걱정에 콩이가 다급하게 말했어요.
"아니에요. 이건 내가 키운 거니까 좋아요. 다 내가 먹을 거예요."
콩이의 말에 온 가족이 함께 웃었어요. 콩이네 가족은 베란다 텃밭에서 키운 채소로 싼 도시락을 맛있게 나눠 먹었답니다.

베란다 텃밭에서 키울 수 있는 채소 친구들이에요!

베란다 텃밭을 가꾸고 싶다면 우선 쉽게 기를 수 있는 채소를 골라야 해요. 베란다 텃밭은 실내에 있기 때문에 햇볕도 바람도 덜 들거든요. 그래서 식물이 잘 못 자라기도 하고, 벌레가 많이 생기기도 해요.

제철 채소이면서 기간이 짧아 수확하는 기쁨을 빨리 느낄 수 있는 것부터 키워 봐요. 봄에는 상추, 바질, 치커리, 쪽파가 좋고, 여름에는 열무, 근대, 방울토마토를 키워 먹을 수 있어요. 가을에는 청경채, 파, 겨울에는 시금치, 쑥갓 등이 잘 자라요. 미나리, 콩나물, 무순은 물만 주면 언제나 잘 자라지요. 내 손으로 키운 채소를 맛있게 먹어 볼까요?

상추

키우기도 쉽고 잘 자라서, 수확해 먹을 수 있는 채소예요. 집에서 키우는 상추는 잎이 야들야들하고 연해서 쌈으로 싸 먹기도 좋지만 샐러드로 먹기에도 좋아요. 씨앗부터 심을 엄두가 안 나면 모종부터 시작해도 돼요. 상추 모종을 심으면 상추를 매일 식탁에 올릴 수 있을 만큼 잘 자란답니다.

근대

근대는 푸른색과 붉은색이 있어요. 주로 먹는 것은 푸른색 근대예요. 쌈으로 먹기도 하고, 된장국에 넣어도 맛있어요. 무엇보다 벌레가 거의 생기지 않아서 초보자들이 키우기 좋은 채소이지요.

씨앗을 심고 열흘 정도 지나면 싹이 나요. 그 뒤에 잎이 나고 잎줄기가 굵어져요. 자주 솎아 내야 크게 자랄 수 있어요. 햇볕이 잘 드는 곳에 두면 상추처럼 쌈을 싸 먹을 수 있을 만큼 잎이 크게 자라요.

치커리

쌈 싸 먹을 때, 샐러드 만들 때 빠질 수 없는 채소예요. 쌉쌀한 맛 때문에 싫어하는 어린이들이 많지만 한두 번 먹다 보면 자꾸 생각날 거예요. 상추만큼이나 잘 자라고 벌레도 거의 생기지 않아요. 다만 잎이 꼬불거려서 벌레가 생겼을 때 바로 잡아 줘야 해요. 햇볕과 물만 있어도 잘 자라지만 빨리 키우고 싶다면 한 달 정도 지난 후부터 천연 거름을 주세요.

청경채

가을, 겨울철에도 잘 자라는 청경채는 샐러드로 많이 먹고 중국 요리에서는 볶음 요리에도 많이 쓰여요. 아삭아삭 맛있는 채소이지만 진딧물이 잘 생겨요. 청경채는 모종으로 심을 수도 있고 씨앗부터 심을 수도 있어요. 씨앗부터 심으면 두 달 정도는 기다려야 해요.

쪽파

쪽파는 샐러드나 쌈으로 바로 먹기는 힘들지만 음식 할 때 많이 쓰는 재료예요. 쪽파를 키우려면 씨앗이 아니라 마늘 모양의 알뿌리가 필요해요. 알뿌리 꼭지 부분이 살짝 보이도록 심고 물을 주면 일주일 뒤쯤 싹이 나와요. 싹은 여러 갈래로 나오는데, 며칠만 기다리면 길쭉한 게 제법 쪽파 모양으로 자라요.

방울토마토

빨간 방울토마토는 바로 따서 먹을 수 있는 맛있는 열매채소예요. 상추나 치커리를 키우는 것보다는 조금 어렵고 줄기가 쓰러지지 않게 지지대를 세워야 하는 것도 힘들지만 방울토마토가 빨갛게 열리면 베란다 텃밭이 더욱 아름다워져요. 꽃이 지면 그 자리에 연둣빛 방울토마토가 열리고 색깔이 연둣빛에서 주황색으로, 다시 빨간색으로 변해 가지요.

바질

향이 좋고 음식에도 두루두루 쓰이는 허브예요. 피자나 파스타 요리에 특히 많이 쓰이지요. 바질과 같은 허브 식물은 바람이 잘 통하는 곳이 좋아요. 베란다에서 허브를 키우고 싶다면 바람이 잘 들도록 환기를 시켜 주는 게 중요해요. 안타까운 점은 진딧물이 잘 생긴다는 건데, 처음 진딧물이 생길 때 테이프로 잡아내거나 천연 살충제를 뿌려 더 이상 진딧물이 생기지 않게 예방해야 해요.

미나리

물만 있어도 잘 크는 채소예요. 뿌리가 있는 미나리를 한 단 사서 잎과 줄기를 자르고 밑동만 물이 담긴 컵이나 그릇에 담아 둬요. 2~3일에 한 번씩 물을 갈아 주면 뿌리에서 새순이 나면서 열흘쯤 지나면 쑥쑥 자라 있지요.

콩나물

흙이 없어도 키울 수 있고, 키가 쑥쑥 커서 수확해서 먹는 즐거움도 맛볼 수 있는 채소예요. 작고 까만 쥐눈이콩이나 콩나물콩을 사서 하룻밤 불린 다음 페트병 바닥에 구멍을 뚫어 콩나물 재배기를 만들고 불린 콩을 담아 물을 흠뻑 넣어 줘요. 5일쯤 지나면 콩나물 키가 쑥 커져 있지요. 단, 콩나물은 캄캄한 데서 자라니까 검은 비닐봉지나 천으로 덮어 줘야 해요.

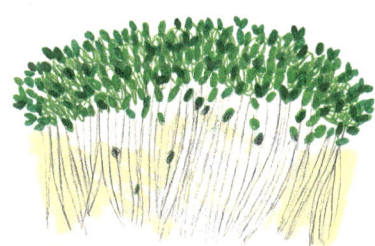

새싹 무순

새싹 채소도 키우기 쉽고 빨리 수확해 먹을 수 있는 채소예요. 그릇에 키친타월을 깔고 분무기로 물을 뿌린 후 씨앗을 겹치지 않게 고루고루 놓고 물을 다시 한번 뿌려요. 그런 다음 싹이 나오기 전까지 어두운 천이나 신문지로 덮어 두세요. 물은 하루에 서너 번씩 줘야 해요. 싹이 나오면 덮어 두었던 천이나 신문지를 걷어요. 쑥쑥 자라는 새싹 채소를 볼 수 있을 거예요. 5~6센티미터 정도 키가 크면 잘라서 먹을 수 있어요.

텃밭 일기를 써 보세요

초   판 1쇄 발행 2012년 4월 20일
개정판 1쇄 인쇄 2022년 7월 25일
개정판 1쇄 발행 2022년 8월 1일

지은이 | 김주현
그린이 | 에스더
펴낸이 | 한순 이희섭
펴낸곳 | (주)도서출판 나무생각
편집 | 양미애 백모란
디자인 | 박민선
마케팅 | 이재석
출판등록 | 1999년 8월 19일 제1999-000112호
주소 | 서울특별시 마포구 월드컵로 70-4 (서교동) 1F
전화 | 02)334-3339, 3308, 3361
팩스 | 02)334-3318
이메일 | namubook39@naver.com
홈페이지 | www.namubook.co.kr
블로그 | blog.naver.com/tree3339

ISBN 979-11-6218-209-3 73400

값은 뒤표지에 있습니다.
잘못된 책은 바꿔 드립니다.

이 책은 《분홍공주의 베란다 텃밭》의 개정판입니다.